AF242254

L 97/11
23596

M. HERBET.

M. HERBET.

M. HERBET.

Pour ceux qui ont connu M. Herbet, et qui savent avec quel soin il se défendait de la publicité à laquelle l'exposait sa situation officielle, l'éclat des témoignages que sa mort a provoqués semble faire contraste avec la réserve qui était la règle de sa conduite. Toutefois, ses amis ont cru que le souvenir de ses services et du bien qu'il a fait ne devait pas être renfermé dans le cercle de la famille et des relations les plus intimes, et que les hommages rendus à sa mémoire portaient avec eux un enseignement utile et de précieux encouragements.

C'est dans cette pensée qu'ont été réunis les documents qui composent ce recueil.

(Extrait du *Moniteur* du 7 septembre 1867.)

M. HERBET.

Lisieux, le 30 août 1867.

Lorsqu'un homme éminent, entouré de la considération publique, succombe après une existence laborieuse entièrement consacrée au service du pays, la pompe de ses funérailles n'est pas un vain spectacle ; elle est la manifestation extérieure du respect et le suprême hommage de la reconnaissance des survivants pour celui qui n'est plus.

C'était le sentiment de tous ceux qui assistaient hier, à Lisieux, aux obsèques de M. Herbet, ministre plénipotentiaire, directeur des affaires commerciales au département des affaires étrangères, et vice-président du conseil général du Calvados, dont nous annoncions, il y a trois jours, la mort soudaine et prématurée. La sympathie et les regrets unanimes de toute la population prêtaient à cette triste cérémonie un caractère particulier de solennité et de grandeur. On voyait que le pays lui-même était atteint du coup qui frappait une famille et qu'au deuil privé s'ajoutait sincèrement un deuil public.

Dès le matin, la foule, accourue de tous les points de la ville et de l'arrondissement de Lisieux, se pressait, émue et respectueuse, sur l'espace que devait parcourir le cortége funèbre et sur la vaste place de l'église Saint-Pierre. La veille, un service avait déjà été célébré à Caen, mais les membres du conseil général qui y avaient assisté en corps, voulant donner à leur vice-président un nouveau et dernier témoignage d'affection et de regret, avaient décidé qu'une députation ayant à sa tête leur président M. Paulmier, représentant du Calvados au Corps législatif, se rendrait à Lisieux pour assister aux obsèques.

M. le ministre des affaires étrangères s'était fait représenter par M. de Billing, ministre plénipotentiaire, directeur au département. M. le baron Feuillet de Conches, chef du protocole, M. de Geofroy, sous-directeur à la direction politique, MM. Meurand, Jagerschmidt, le vicomte d'Arlot, Gavard, sous-directeurs à la direction commerciale, et d'autres fonctionnaires du ministère des affaires étrangères, étaient spontanément venus de Paris.

Parmi les agents du service extérieur qui s'étaient joints à eux, on distinguait M. Baudin, ministre plénipotentiaire de l'Empereur à la Haye, et M. Du Chesne de Bellecourt, consul général de France.

Bien d'autres, qu'il n'a pas été possible d'avertir à temps ou que retenaient des devoirs officiels, auraient été désireux de rendre les derniers devoirs au collègue aimé, au chef vénéré dont ils déplorent la perte.

Les autorités de l'arrondissement, ayant à leur tête M. le baron Walckenaer, sous-préfet de Lisieux; M. Amédée-Edmond Blanc, sous-préfet de l'arrondissement de Pont-l'Évêque; M. Delamarre, maire de Blangy, chef-lieu du canton que M. Herbet représentait au conseil général; les maires d'un grand nombre de communes; toutes les notabilités de la ville et des environs, parmi lesquelles on remarquait M. Guizot accompagné de ses gendres, MM. Conrad et Cornélis de Witt, assistaient à la cérémonie. Enfin, M. l'évêque de Bayeux était venu donner, par son concours à la solennité religieuse, un témoignage personnel de sa haute estime pour l'homme distingué par le caractère autant que par le talent auquel chacun s'empressait de rendre des honneurs mérités.

Le deuil était conduit par M. Fournet, le grand industriel du Calvados, beau-père du défunt; M. Herbet, son frère, conservateur des hypothèques à Beauvais, et MM. Duchesne ses neveux. Les cordons du poêle étaient tenus par M. Guizot, ancien ministre des affaires étrangères; M. Paulmier, député, président du conseil général; M. de Billing, ministre plénipotentiaire, directeur au département des affaires étrangères, et M. le marquis de Colbert, député de l'arrondissement au Corps législatif.

De l'église, le cortége funèbre s'est dirigé vers le cimetière, situé dans la campagne, à une assez grande distance de la ville, au milieu d'une population dont l'attitude grave et recueillie traduisait les regrets. L'aspect de la riche contrée que l'on parcourait ajoutait aux pompes humaines son incomparable magnificence.

Après les dernières prières, M. Paulmier a, d'une voix profondément émue, prononcé les paroles suivantes :

« Je viens, au nom du conseil général du département, adresser un dernier adieu à un collègue dont hier encore nous pressions la main et que la mort a pris soudainement sur son siége au milieu de nos rangs ; je n'ai pas besoin de dire la stupeur douloureuse que cette brusque séparation a jetée parmi nous tous, qui avions pour lui l'affection due à la loyauté du cœur et la haute estime commandée par les qualités les plus éminentes de l'esprit.

« Mais si quelqu'un parmi ses collègues doit plus profondément encore ressentir l'amertume de sa perte, c'est assurément celui qui partageait avec lui l'honneur et la responsabilité de la présidence du conseil général, qui retrouvait dans les traits d'un collaborateur si utile et si dévoué le vieil ami de sa jeunesse et le souvenir vivant des premières années.

« Herbet était le fils de ses œuvres. Je me le rappelle, il y a trente-cinq ans, sortant du collége, préparé par de fortes études, entrant dans la vie sans autre patronage que la virilité de son âme, sa confiance dans le travail, et sa mâle intelligence. A de pareilles natures, la fortune, qui est moins aveugle qu'on ne croit, prépare toujours des protecteurs et des appuis; il trouva bientôt celui d'un homme éminent, à l'amitié duquel il resta toujours fidèle et à qui il était réservé, après avoir patronné ses débuts, de suivre ici sa dépouille mortelle. M. Herbet, une fois entré dans la carrière diplomatique, s'y distingua bientôt par cette netteté de vues, cette pénétration vive, cette sûreté de relations qui honore à l'étranger le caractère français. Son mariage l'avait attaché à notre pays normand et lui avait donné, avec les avantages de la fortune, un noble cœur qui avait compris le sien. Enfin, quand la guerre d'Italie le releva de ses fonctions de consul général à Venise, il revint en France, et le département des affaires étrangères s'attacha ce travailleur infatigable, cet esprit lumineux et précis qui, dans toutes les questions économiques et internationales, savait trouver des solutions pratiques et fécondes, préparait des traités, s'acquittait heureusement des missions les plus délicates et rendait au Gouvernement de son pays des services vivement appréciés.

« Et cependant, messieurs, quelques heures ont suffi pour coucher dans cette tombe un homme si plein d'intelligence et d'activité, et vouer au repos éternel ces remarquables facultés ! Quand, dans la nuit de lundi, la mort apparut soudainement à son

chevet, il l'envisagea sans pàlir et sans se plaindre ;
avec une résolution prompte et ferme qui prouvait
qu'au milieu des intérêts terrestres il n'avait jamais
perdu de vue ceux du ciel, il fit appeler le curé de
Saint-Jean, accomplit ses devoirs religieux comme
il avait accompli tous les autres pendant sa vie, et
mourut comme il avait vécu : simplement et dignement. »

M. Guizot a pris ensuite la parole : nous croyons
reproduire fidèlement cette saisissante improvisa-
tion, mais il est impossible de rendre l'accent avec
lequel il l'a prononcée :

« J'ai besoin, a dit M. Guizot, d'exprimer ici le
sentiment que j'éprouve en ce moment. Je suis las
de voir mourir ceux avant qui je m'attendais à
mourir ; je suis las de me voir devancer dans la
route vers l'éternel avenir par ceux que j'y devais
précéder et qui semblaient destinés à m'y suivre, à
m'y suivre de loin. Ce malheur suprême m'a atteint
dans mes affections les plus chères ; il me poursuit
dans mes amitiés.

« Il y a peu d'années, à Paris, j'accompagnais au
tombeau l'un de mes plus distingués contemporains
dans les lettres, M. Ampère, que j'avais appelé quelques années auparavant à la chaire de littérature
française dans le Collége de France, qu'il a occupée
avec tant d'éclat. Quelques mois après M. Ampère,
j'ai vu mourir l'un de ses plus chauds admirateurs,
un jeune prêtre, l'abbé Henri Perreyve, mort.
comme je l'ai dit ailleurs, dans la fleur de la jeu-

nesse, de la foi et de la vertu. — Et maintenant me
voilà devant la tombe de M. Herbet, depuis long-
temps fidèle associé à mes travaux dans la carrière
diplomatique. Ce sont là des tristesses qui laissent
dans l'âme une permanente inquiétude.

« Mais c'est assez sur mes tristesses et mes inquié-
tudes. Je veux vous parler un moment de M. Herbet lui-même. Je l'avais dans mes bureaux au
ministère de l'instruction publique, mais je le con-
naissais peu encore lorsque je l'emmenai en Angle-
terre en 1840. Ce fut l'un de mes plus éminents
amis dans la politique, M. Rossi, qui me le recom-
manda et me le donna pour ainsi dire comme le
plus sûr, le plus fidèle et le plus intelligent secrétaire particulier que je pusse avoir. Et maintenant
M. Rossi est mort, mort au service de l'Église, en
travaillant à affranchir et à réformer l'Italie sans la
livrer aux révolutions. Et aujourd'hui c'est M. Herbet qui meurt dans la force de l'âge et le meilleur
état de sa carrière. Il était déjà parvenu très-haut
dans les fonctions publiques; qui sait ce qu'il aurait
pu faire et obtenir encore? Qui sait? — Il avait deux
qualités éminentes : il était sans cesse et sérieuse-
ment occupé du bien public; aussi désintéressé que
capable, il avait à cœur que les affaires dont il était
chargé fussent bien faites, non pas suivant la fan-
taisie du moment, mais selon l'intérêt permanent du
pays. Et de même que l'intérêt public, il avait à cœur
la justice envers les personnes, le respect des droits
de tous les hommes engagés dans la carrière à la-

quelle il présidait. Il repoussait toutes les faveurs étourdiment accordées, toutes les prétentions sans fondement. C'était, au ministère des affaires étrangères, un administrateur aussi ferme qu'intelligent. Il y avait acquis la considération la plus méritée; il y laissera les souvenirs les plus honorables pour lui, les plus utiles pour ses successeurs.

« Uni naguère à la Normandie, et par le choix de l'honorable famille où il était entré, et par celui du canton qui l'avait pris pour son représentant au conseil général, il a inspiré et il laisse dans sa famille les regrets les plus profonds, dans tout notre département la plus haute estime. Et il meurt après avoir beaucoup fait, mais non pas tout ce qu'il pouvait faire.

« Devant de tels coups il n'y a qu'à s'incliner et à prier pour ceux qu'ils frappent. Bien souvent nous ne savons pas ce que nous voulons et ce que nous faisons nous-mêmes. Qui sommes-nous pour pénétrer ce que veut et fait Dieu, quand il dispose de nous plus tôt que nous ne l'avions prévu ? »

Enfin, M. Delamarre, maire de Blangy, membre du conseil d'arrondissement, se rendant l'interprète des habitants du canton, parmi lesquels la mort de leur représentant au conseil général avait jeté une véritable consternation, s'est exprimé dans les termes suivants :

« Messieurs,

« Si jamais j'ai senti le poids de mes modestes

fonctions, c'est à ce moment suprême où je suis appelé à adresser le dernier adieu d'une population en deuil à son Conseiller général dont elle déplore la perte.

« Mais vous eussiez trouvé aujourd'hui un pénible exemple de cette ingratitude envers leurs bienfaiteurs qu'on se plaît à reprocher aux populations, si de cette foule accourue du canton de Blangy, une voix, quelque faible qu'elle fût, ne s'était élevée pour rendre un dernier hommage à la mémoire de celui qui lui avait consacré tout son dévouement, les ressources de sa rare intelligence. et l'appui de sa haute influence.

« Parvenu aux plus hautes fonctions de l'État, ayant épuisé toutes les distinctions comme récompense de ses éminents services, M. Herbet n'avait pas recherché un vain titre en se présentant aux suffrages des électeurs du canton de Blangy.

« Préoccupé avant tout du désir, ou plutôt du besoin de se rendre utile, il avait trouvé le canton de Blangy manquant encore, malgré les efforts de son prédécesseur, de la plupart des éléments de prospérité, menacé dans son existence; il avait entrepris d'y apporter le bien-être et la prospérité; il en avait fait en quelque sorte son enfant adoptif.

« Poursuivant son but sans relâche, en peu d'années, grâce aux subsides obtenus par lui de l'État et du département, nos églises ont été restaurées, nos maisons d'école agrandies ou pourvues du mobilier qui leur manquait, de nouvelles voies de communication sont venues compléter le réseau de notre vicinalité. Encore quelques années, et, avec son aide, notre canton n'eût eu rien à envier aux plus favorisés.

« La Providence ne lui a pas permis d'accomplir toute la tâche qu'il s'était imposée ; il disait, il y a quelques jours, qu'il y avait encore beaucoup à faire, mais que cette tâche n'avait rien qui dépassât son dévouement.

« Ce zèle, ce dévouement, ces résultats obtenus dans l'intérêt général, auraient pu trouver des indifférents. Mais en peu de temps la population de Blangy avait pu apprécier les excellentes qualités qui distinguaient M. Herbet. Accessible à tous, son empressement à rendre service lui avait conquis l'estime et l'affection qui se sont manifestées il y a quelques jours par une unanimité presque sans exemple lors du renouvellement de son mandat.

« Cette pâle esquisse des services rendus par M. Herbet au canton de Blangy et à ses habitants vous dira assez, messieurs, l'affection que nous lui avions vouée et la consternation générale à la fatale nouvelle de sa perte. Puisse notre sympathique douleur rendre moins amère celle d'une épouse désolée et d'une famille inconsolable ! »

Que pourrait-on ajouter à tous ces éloges? La vie de M. Herbet a été trop courte, mais elle a été plus remplie que beaucoup de longues carrières. On peut dire qu'il l'a consumée par une ardeur au travail, un zèle pour le bien public, qui ne connaissaient aucun ménagement. Sa sollicitude pour les grands intérêts qui lui étaient confiés le suivait partout : dans le monde, dont il savait concilier les exigences avec ses travaux multiples, et jusque dans les trop rares loisirs qu'il goûtait, chaque année, après la session du conseil général, dans le beau département où étaient ses plus chères affections. Il consacrait toutes les ressources de sa puissante intelligence à la réussite des affaires qu'il poursuivait avec une ténacité parfois importune pour ceux que n'animait point un zèle égal. Sa fortune même, dont il faisait le plus honorable emploi, était pour lui un auxiliaire dont il usait au profit du service.

M. Herbet laisse dans le département des affaires étrangères une trace ineffaçable. La part considérable qu'il a prise aux grandes réformes économiques accomplies depuis 1860, les actes internationaux auxquels il a attaché son nom, lui assurent une place exceptionnelle parmi les administrateurs éminents dont on garde le souvenir.

(Extrait de la Chronique politique de la *Revue des Deux-Mondes*
du 15 septembre 1867.)

Le service de notre département des affaires
étrangères vient de faire une perte regrettable par
la mort de M. Herbet, directeur des consulats. La
mort nous rappelle sans cesse, en faisant ces vides,
quelle forte race de fonctionnaires la France pos-
sède dans ces grands services, dont la fidélité et le
mérite patriotique ne sont point affectés par la bizar-
rerie de nos révolutions et de nos gouvernements
de hasard. M. Herbet a été un de ces travailleurs
persévérants qui enferment leur honnêteté dans une
dignité réservée. M. Herbet avait été un collaborateur dévoué de M. Guizot, et ce glorieux vétéran
a dignement récompensé par un témoignage public
d'une haute éloquence l'ami modeste sur lequel il
s'était souvent appuyé dans sa laborieuse carrière.
Dans une administration d'élite comme est celle des
affaires extérieures de la France, il faut conserver
comme une exhortation au devoir et un modèle le
souvenir des hommes qui ont, comme M. Herbet,
honoré leurs fonctions par la dignité de leur vie.

E. Forcade.

(Extrait du *Journal des Débats* du 3 octobre 1867.)

La mort de M. Herbet, directeur des consulats au ministère des affaires étrangères, laissera de longs regrets à tous ceux qui ont été ses collègues et ses auxiliaires, à tous ceux qui ont travaillé avec lui ou sous lui, et qui garderont un vif souvenir de sa rare capacité et de sa remarquable intelligence. Mais pour ses amis, pour ceux qui l'avaient suivi depuis sa jeunesse et qui l'avaient toujours aimé, ç'a été un coup bien cruel que d'apprendre par ce journal la mort soudaine d'un des hommes qui méritaient le mieux de vivre par l'activité de son esprit et de sa vie.

Je suis bien sûr que, pendant le temps qu'il me reste encore à vivre, le nom et le souvenir de M. Herbet me reviendront souvent à l'esprit avec un amer sentiment de chagrin et d'étonnement de ce que je ne peux plus le retrouver auprès de moi, lui si peu âgé encore. Mais c'est aujourd'hui surtout qu'il m'est triste de recueillir mes souvenirs pour remplir envers cette mémoire aimée et estimée un suprême devoir d'amitié qu'il aurait dû me rendre à cause de son âge et du mien. Je m'acquitte de ce

devoir pour répondre au vœu de Mme Herbet, c’est-
à-dire de la personne qui a le plus les qualités de
cœur et d’esprit qu’il fallait pour sentir tout ce que
valait son mari.

Je ne dirai presque rien de la carrière de
M. Herbet. Elle a été très-brillante et très-heureuse;
mais, chose rare, tous ses succès ont été justes et
mérités. Il est mort ministre plénipotentiaire, directeur des consulats et des affaires commerciales au
ministère des affaires étrangères, vice-président
du conseil général du Calvados, grand-officier de
la Légion d’honneur, etc. Ce qui fait surtout pour
ses amis le principal honneur de cette brillante carrière, c’est qu’elle a été laborieuse à tous ses degrés,
laborieuse et non difficile, car il aimait le travail
par esprit de devoir et aussi par goût. Il a été excellent consul à Venise, à Anvers, à Londres, et
il a été aussi excellent directeur des affaires commerciales. Il savait supérieurement diriger les consulats, parce qu’il avait su en pratiquer très-bien
les fonctions. Ce n’est pas que cette carrière brillante et heureuse n’ait eu ses revers et ses secousses.
Déjà sous-directeur des affaires commerciales sous
le ministère de M. Guizot, il resta sans emploi en
1848, pendant le temps toujours très-court que les
révolutions mettent à éprouver l’impuissance des
hommes zélés et à regretter l’utilité des hommes
capables. Il rentra bientôt dans la diplomatie commerciale; mais il n’y entra pas dans le degré qu’il
avait, il y rentra comme consul. Ici je dois noter

quelques traits remarquables du caractère de M. Herbet.

Ami fidèle et dévoué de M. Guizot, dont il avait été le secrétaire particulier pendant l'ambassade de Londres, il n'était pas homme à renier cette illustre amitié parce qu'elle ne pouvait plus lui être utile. Elle a été un des plus grands honneurs de sa vie, celui qu'il appréciait le plus, et elle a été l'honneur de sa sépulture. Il trouva donc tout naturel de payer par une diminution d'emploi le prix de cette amitié qu'il professait hautement, sans affectation frondeuse de fidélité, mais dans tous les cas où il était du devoir d'un galant homme de la manifester. Les fonctions secondaires, quoique élevées, que M. Herbet avait remplies sous le roi Louis-Philippe ne l'obligeaient pas à faire plus. Il n'avait été ni député ni ministre; il était seulement fonctionnaire public et ami de M. Guizot. Comme fonctionnaire, il reprenait une part dans l'administration qu'il avait déjà presque dirigée et qu'il connaissait le mieux. Comme ami de M. Guizot, il subissait une part de déchéance qu'il se faisait honneur de mériter.

M. Herbet avait assez de fortune pour rester hors des fonctions publiques. Mais il aimait le travail des affaires. Dans les affaires, il y a deux choses également capables d'attirer l'attention de l'intelligence et de devenir un goût et un plaisir : d'abord éclaircir une question, puis diriger des hommes. Les choses, en général, sont plus faciles à éclaircir que les hommes à diriger. Aussi les fonctionnaires qui ont le

goût de l'administration aiment mieux ordinaire-
ment avoir affaire aux choses qu'aux hommes. Ceux
qui aiment le maniement des hommes sont des poli-
tiques. Je crois que M. Herbet préférait l'étude des
choses au maniement des hommes; mais il tenait
grand compte des hommes, au moins comme ob-
stacles. Le travail des affaires lui était devenu plus
qu'un plaisir; c'était une habitude, un besoin. Que
de fois quand, préoccupés de quelques-unes de ses
indispositions, ses amis lui conseillaient de prendre
du repos, de l'exercice, de vivre un peu plus au grand
air, que de fois nous répondait-il qu'il ne se sentait
nulle part si bien que dans son cabinet, qu'il y ve-
nait souvent même le dimanche, pour quelques
heures au moins! C'est cette vie laborieuse et assidue
qui l'a consumé avant le temps.

Outre le goût qu'il avait pour les affaires, il y
avait un autre sentiment qui l'avait poussé, après
1848, à rentrer dans la carrière des consulats. In-
troduit, par son mariage, dans une riche et active
famille de l'industrie, ils ne voulaient pas, ni sa
femme ni lui, vivre en oisifs ou en lettrés à côté de
cette activité puissante. Il lui plaisait de montrer,
dans la diversité des professions, l'égalité de l'activité et du succès. M. Herbet aurait pu, s'il l'avait
voulu, reprendre la carrière des lettres qu'il avait
quittée autrefois; mais depuis près de quinze ans,
en 1848, c'était comme lecteur qu'il aimait les lettres; il s'était habitué à ce loisir. Il aurait pu entrer
dans l'industrie; tout l'y acheminait, et le sous-

directeur des affaires commerciales aurait pu devenir un excellent chef d'industrie ou de commerce; mais, chose singulière, cet homme qui aimait tant les affaires et qui les faisait si bien, détestait les siennes. La part d'intérêt et de calcul personnel que nous sommes forcés de mettre dans nos affaires pour nous en occuper sans ennui et sans fatigue lui était insupportable. Il craignait de ne pas y porter l'indépendance de jugement qu'il avait dans les affaires de l'administration.

Je dois faire à ce propos une distinction. Il y a toute sorte de façons d'aimer les affaires. Il y a ceux qui aiment les affaires du public pour faire les leurs; il y a ceux qui les aiment pour en faire le moins possible. Ceux-là sont des paresseux spirituels, qui de leurs traitements se font un revenu qu'ils dépensent doucement. Il y en a qui aiment l'importance que leur donnent leurs emplois. Ceux-là sont des vaniteux qui de leurs fonctions ne goûtent que le titre. Ceux qui aiment les affaires pour elles-mêmes, pour le plaisir de les étudier, de les éclaircir, de les décider enfin, ou d'en proposer la décision dans le seul intérêt du service public, ce sont là les vrais serviteurs de l'État. Un ancien secrétaire général me disait que c'est le bonheur des administrations en France d'avoir toujours dans leur sein quelques hommes de ce genre. Bonheur très-nécessaire, ajoutait-il, parce que les gouvernements ayant besoin de donner beaucoup de places à la faveur, il faut bien que l'État retrouve son compte à l'aide de ces capacités de premier ordre qui n'arrivent que par la justice et la nécessité. Un fonctionnaire laborieux, actif, intelligent, qui trouve à faire son devoir la satisfaction qu'un autre trouve à ne rien faire, permet et couvre cinq ou six fonctionnaires de luxe. Ce genre de luxe est commode à tous les gouvernements; mais ils ne peuvent avoir l'inutilité des uns qu'à l'aide de la capacité laborieuse des autres.

J'ai parlé des vrais serviteurs de l'État. C'était la qualité supérieure, le mérite original de M. Herbet; il aimait l'État, il aimait que les affaires de l'État fussent faites et bien faites, à travers les secousses des révolutions et la mutabilité des dynasties. Il pensait qu'il fallait, avant tout et malgré tout, que le public fût servi activement, sensément, honnêtement. C'était sa maxime, et c'était aussi sa pratique.

En M. Herbet j'aimais encore mieux, je l'avoue, l'homme que l'administrateur, connaissant et aimant l'homme depuis sa jeunesse. Je savais aussi que si, en lui, l'administrateur appartenait à ses fonctions, l'homme n'appartenait qu'à ses convictions et à ses affections. Il avait une sûreté de commerce, une fermeté d'attachement, une force d'âme qu'il ne croyait pas nécessaire de montrer toujours, parce qu'il ne croyait peut-être pas que tout le monde en valût la peine, mais qu'on était sûr de retrouver toujours en lui, quand il le fallait. Ces qualités réservées pour sa famille et pour ses amis avaient un charme infini pour ceux qui en jouissaient, et qui lui savaient gré de les avoir conservées tout en côtoyant pendant plus de trente ans la politique. Il les a retrouvées dans la dernière et dans la plus cruelle épreuve de sa vie, c'est-à-dire dans sa mort soudaine et solitaire, à Caen, pendant qu'il présidait le conseil général et qu'il était loin de sa femme et de sa famille. Cet homme, si engagé dans les affaires publiques, si occupé d'administration, si mêlé à tout ce qui éloigne de l'idée de la mort, à peine s'est-il senti frappé que, rappelant toute sa force d'âme et sa fermeté de sentiments, loin de méconnaître son état, il l'a compris et s'y est résigné. Il a fait son sacrifice qu'il a consacré par l'assistance de la religion, regrettant de ne pouvoir faire ses adieux à ceux qu'il aimait, mais se soumettant de cœur à la nécessité, en homme qui ne s'était jamais révolté contre elle, simple et vrai dans sa mort comme il l'avait été dans sa vie.

SAINT-MARC GIRARDIN.

EXTRAIT DES ÉTATS DE SERVICE

DE

M. HERBET (Charles-François-Édouard)

né le 22 avril 1813, à Colmar (Haut-Rhin)
décédé le 27 août 1867, à Caen (Calvados).

———

Chef de bureau au Ministère de l'instruction publique........................	1er janvier 1836.
Attaché à l'ambassade de France à Londres............................	25 février 1840.
Rédacteur à la Direction politique du Ministère des affaires étrangères.....	1er novembre 1840.
Consul de deuxième classe à Lubeck....	10 décembre 1840.
Chargé d'affaires à Hambourg.........	1er juillet 1841.
Consul à Dublin.....................	24 mai 1842.
Secrétaire de légation	3 octobre 1844.
Consul de première classe à Trieste.....	26 octobre 1844.
Sous-directeur à la Direction commerciale	2 février 1845.
Mis en disponibilité.................	8 mars 1848.
Consul de première classe à Rotterdam..	2 mai 1848.
Consul général à Barcelone...........	2 juillet 1849.
Consul général à Anvers	27 août 1849.
Consul général à Londres	7 août 1852.
Consul général à Anvers..............	23 juin 1855.
Consul général à Venise	4 février 1857.

Ministre plénipotentiaire............... 25 février 1860.

Commissaire général près le conseil su-
périeur du commerce, de l'agriculture
et de l'industrie, pour l'enquête rela-
tive au traité de commerce avec l'An-
gleterre .... 11 avril 1860.

Directeur des consulats et affaires commerciales......................... 3 octobre 1860.

Conseiller d'État en service ordinaire
hors sections.. .... 26 novembre 1860.

Ministre plénipotentiaire de première
classe .... 20 décembre 1863.

Chevalier de la Légion d'honneur....... 29 mai 1842.

Officier............................. 19 octobre 1844.

Commandeur........................... 6 août 1853.

Grand officier........................ 11 août 1862.

Paris. — Imprimerie de Ad. Lainé et J. Havard, rue des Saints-Pères, 19.

www.ingramcontent.com/pod-product-compliance
Lightning Source LLC
Chambersburg PA
CBHW061347050726
47595CB00005B/2120